Los incluidos

Yehiko Camacho

Autor: Yehiko Camacho
Diseño de portada y
Maquetación: David Román

© 2025 Yehiko Camacho
© 2025 Editorial Metamorfosis

ISBN: 979-13-87611-28-6

Índice

La Muerte

Es, como si de repente me avisara. Es, como si en valde,
amaneciera. Si la tomo por aquello que supiera.
Es, como si de repente se riera.
Es así la suerte.
Pues nada inerte es la muerte.

Se fueron

Cuán fuerte se cae el alba.
Alas de viento, olvido, esperanza.
Sonrisas forzadas a tiempo. Risas que advierto y danzas.
Se enloquecen las voces y hay calma.
Se entretejen las veces, las almas.
Es temprano.
El rocío se amilana.
Se demora, jugando en las palmas.

Apay

En el balcón, en la vida. Con mi ilusión abatida.
Con la expresión comedida.
Hallábase el llanto.
Con estupor, con tu ida.
Con aflicción, desde el balcón de la vida.
En la mañana...de repente, tu partida.
Tu rostro hermoso.
Como dormido en las heridas.
Me apabullan ecos sordos, ideas.
Lejano, el mar ingente. Que perdía, sin encanto.
Tu sonrisa, por tus sombras.
Tus abrazos, que pedían.

En silencio, lo silente. Lo silente, por la vida.
Cuántas voces te callaron. Cuántos visos de alegría.
¡Cuántas penas, dando botes!
¡Cuánta calma merecías!

Desprovisto

Y la hoja me descarna.
En tal hambruna de inventos. Que el Sol quema aún más.
Y la tormenta da tormentos. Es, la llanura hasta el mar.
Es un beso ya dado el que huye. En la simiente de la mente, ebulle.
Un deseo creativo, en verso. Un instante entre dos cuerpos.
Un paseo por dos pieles. Un temor, tan disparado.
Como algo cierto entre los fieles.
Lo constante y lo espontáneo.

No se tocan, ni se quieren.

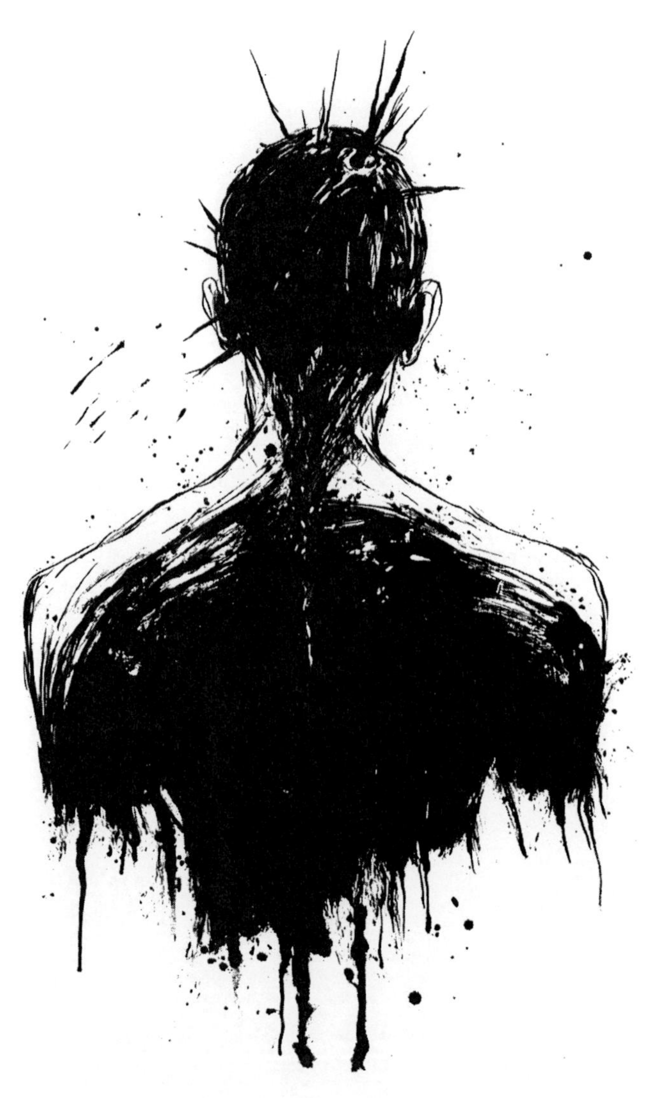

Los que molestan

Aguijón de fuego.
¡Tocábase al tacto!
¡Daba asco incierto! Lodazal estancado. Comentarios salados.
Contrapuntos errados. Aguijón en la espalda.
¡Clavadito y callado!
El malestar de un susurro. Como por fin, conjurado. Centelleando
murmullos.

Para acallar al pesado.
La tradición de lo soso. La pubertad no vencida. Que en vez de son
al oído. Son dos; silencios y ruidos. Los que molestan, hoy ríen.
Como de mares, rugidos. Como caudales inmensos. Vencieron
siendo excluidos.

Los incluidos

Polvorientos días y ocasos.
Con mi niño, que dormía en su litera. En se mente se volaban sus
ideas.
Sus deseos, como el viento de mi tierra. Hoy te miro, niño mío en
tus quimeras. Y me quema, esa dulzura en tus ojeras.
Mientras duermes, luz de plata en la litera.
Mientras duermes, arropado, en tus quimeras.
De algodón, están tejidas, tus chaquetas. Holgaditas, falta sueño, en
tus hombreras.
Y quizá, llenes tu espalda, con flojera.
Con sonrisas, en tu eterna primavera.
Tus cantares, tus asombros, son tus señas. Hacia inquietos
contraluces, por las veras.
Con heridas, paso a paso, con esperas.
Con exhaustas tempestades, entre penas.
No creciste y tu sonrisa es verdadera.
Son, los silencios, olvidos.
Son, breves vocablos, esquivos. Miraditas mal dadas, sin sentido.
Un teatro familiar y bien lascivo. Universos sin planetas y con soles.
Solitudes desiguales.
¡Red sin goles!
Son casitas, cargaditas de opresores.
Con raritas y ficticias emociones.
Como un club sin membresía. Como un juez, sin caso abierto.
Como un nene sin galletas. En el mar, sin algún remo. Como tren,
que va sin frenos.
Como huellas, sin pies puestos.

Como luces, sin sus cielos. Son los falsos sentimientos.
Relevancias elevadas.
En la morada de los fieros.
Con fiereza tan risueña.
Cual mascota sin su dueño.

Marquitos

La loma de las lumbreras. Cobija tres dones sin par.
Uno, el olor de los pinos, que discurre hasta la mar.
Otro, mis desconciertos, al verte al amanecer.
Y otro, el mayor, son tus besos, que hacen reverdecer.
¡Qué de idas y venidas!
Yo sin tener, tuve una sombra.
Escondida y sin cobijo.
Que, al amarte, se me disloca.

Y se me pierde en los caminos.
Y lo inmenso, me interroga. Y lo arcano, me pregunta. Y es amarte,
un desatino.
Con pasión. Que se desboca. Y es quererte esa lumbrera. Que
transcurre por la loma.

Despierto

Me levantan las voces de sueños. Las que mudas, susurran adentro.
Me despierta el batir de unas olas.
¡Olas frías! Mañana de invierno. Me secuestran lejanos, los
cielos. Sin angustias que alboroten al alma. Con azules, desiguales
ensueños.
Con las nubes, alzando la calma.

Con el cielo enamorado

Con el cielo enamorado. Con la brisa, repartida.
Con la flor enarbolada.
En las copas y en las cimas.
Con la vida resurgida. Sin acaso, tus temores. Sin acoso, sin
medida...

Los resortes, las valijas. Engranajes, siemprevivas. Y quisieron
moldearme.
Y eres tú, quien me convida. Ni es lo mío, lo que es mío. Ni la
sombra, que ilumina. Es a ti a quien pertenezco.
Eres tú quien da cabida.

Las alas

¡Aire tan frío!
El grillo y sus alas. Bailaba en tu sala.
Tan bravo, aguerrido.
Gotas con brillo. Lavaban al árbol.

Cantando va el mirlo. Tan serio y volando. Su canto, secuestra. Lo
miro y me callo.
Ideas que tintan.
Con tonos y plasman.
Al árbol y al mirlo. Y al grillo saltando.